Original Edition published
under the title **Scientists are Saving the World! So Who is Working on Time Travel?**
©2022 Magic Cat Publishing Ltd.
Text ©2022 Saskia Gwinn
Illustrations ©2022 Anna Albero
First published in 2022 by Magic Cat Publishing Ltd. in the UK
Korean translation copyright ©2023 BookInFish
This Korean edition was published by agreement with Lucky Cat Publishing Ltd.,
through The ChoiceMaker Korea Co.

이 책의 한국어판 저작권은 초이스메이커코리아를 통해 저작권사와 독점 계약한 책속물고기에 있습니다.
저작권법에 의해 한국 내에서 보호를 받는 저작물이므로 무단 전재와 무단 복제를 금합니다.

세상을 바꾸는 직업과 사람들

호기심이 만드는
과학자들

사스키아 권 글 ★ 아나 알베로 그림 ★ 김배경 옮김

책속물고기

공룡 화석을 발굴하는 과학자들

고생물학자는 화석을 찾아 연구하는 과학자야. 화석으로 지금은 사라진 공룡과 같은 고대 동물의 흔적을 찾고 있지.

빙하에서 / 산속에서

메리 애닝은 열두 살 때 남동생과 고대 생물의 뼈를 찾아냈어!

이건 악어가 아니라 공룡의 이웃사촌인 어룡의 뼈야!

메리 애닝의 발견 덕분에 고생물학이 크게 발전했어. 메리의 뒤를 이어 오늘날에도 수많은 고생물학자가 곳곳에서 공룡 화석을 찾아다니고 있단다.

루이스 퍼넬은 미국 최대의 박물관인 스미스소니언 국립 자연사 박물관에서 화석 담당으로 일했었지.

그리고 암석에서도!
드디어 공룡 화석을 발견하면, 땅을 파고, 흙을 떠내고,
조심조심 돌을 깨서 온전한 형태의 화석을 꺼내지.
그런 뒤 고생물학자들은 발굴한 뼈를 안전하게 박물관으로 옮겨.

쿵! 쾅쾅! **이것좀 봐!**

공룡이 어떤 모습인지 알게 된 건 뼈를 찾아낸 고생물학자들 덕분이야!

하지만 진짜 공룡을 만나러 과거로 갈 순 없죠?

그 이야기도 곧 해 줄게!

스테고사우루스

우주를 탐험하는 과학자들

지구를 떠나 우주를 탐험하는 과학자를 우주 비행사라고 해.
우주인이라고도 부르지.

레오니트 카데뉴크는 우주 왕복선 컬럼비아호를 타고 우주로 날아간 첫 우크라이나 사람이야.

우주 비행사들이 우주에 가서 무슨 일을 하는지 궁금하지?

우주 기지를 세우고,

광물을 채집하고,

식물이 잘 자라는지 실험하고,

다른 비행사들을 돕기도 해.

무지개를 찾아다니는 과학자들

기상학자는 무지개나 북극광처럼 하늘에서 일어나는 놀라운 현상을 조사하는 과학자야.

기상학자들은 날씨에 관심이 많아. 그래서 무지개를 연구하고,

눈송이,

빗방울,

먹구름도 연구한단다.

조앤 심프슨은 뜨거운 구름 기둥이 어떻게 허리케인을 만들어 몰고 다니는지 밝혀냈어. 덕분에 허리케인에 대비할 방법을 알게 됐지.

주의하세요!

더 놀라운 건 기상학자들은 구름의 무게도 잴 수 있다는 거야!

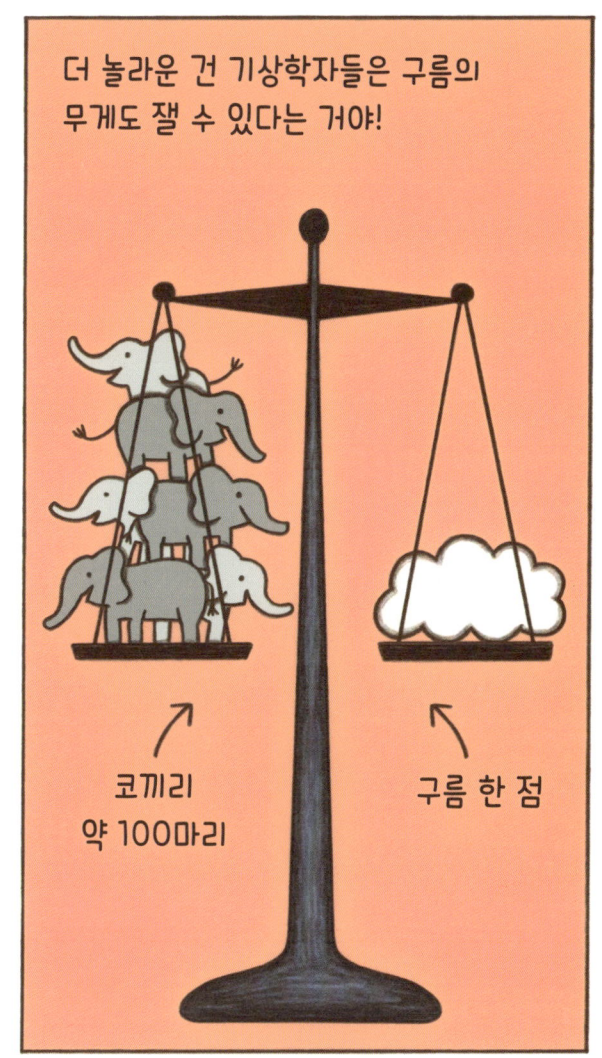

↑ 코끼리 약 100마리

↑ 구름 한 점

또 날씨를 예측하고 사람들에게 알려 주기도 해. 최초의 여성 기상학자는 **준 베이컨-버시**야. 그녀는 텔레비전에 나와서 날씨를 예보해 주었단다.

"과학자는 동물한테도 날씨를 알려 줄 수 있나요?"

"그럼! 동물과 대화하는 과학자들도 있거든."

코끼리의 소리를 듣는 과학자들

동물의 소리를 듣는 과학자를 생물음향학자라고 해.
세상 곳곳에서 동물들의 온갖 시끌벅적한 소리에 귀를 기울이고 있지.

배를 타고 강을 따라 흘러가고,

높은 나무에 오르고,

캠핑도 하지. 정글에서 말이야!

디팔 와라카고다는 밀림 속을 돌아다니다가 이상한 소리를 들었어.

후-오

누구도 들어 본 적 없는 소쩍새 울음소리였지.

캐서린 페인은 숲속에서 코끼리 울음소리를 들었어.

뿌우우웅!

바닷속에서 헤엄치는 고래의 노랫소리도.

생물음향학자들은 동물의 소리를 녹음해서 특별한 도서관에 보낸단다.

대단해요! 과학자들은 또 어떤 일을 하나요?

글쎄, 또 어떤 일이 있을까?

로봇을 만드는 과학자들

로봇을 만드는 과학자를 로봇 공학자라고 해.
로봇 공학자가 만든 로봇은 다양한 분야에서 활약하고 있지.

영화 촬영장

농장

우주 공간에서도!
스테퍼니 윌슨은 우주 공간에서 로봇 팔을 조작하는 공학자야.

스테퍼니는 우주 비행사들이 우주를 둥둥 떠다니는 역사적인 순간을 도왔어.

로봇 공학자들은 로봇을 만들 때 동물의 움직임에서 아이디어를 얻기도 해.

하늘을 날고,

바닷속을 헤엄치고,

땅을 기어다니는 모습을 보면서 말이야. **히로세 시게오**는 뱀을 보고 아이디어를 떠올렸어.

히로세가 만든 꿈틀거리는 로봇은 사람이 갈 수 없는 곳도 들어갈 수 있단다.

공학자들이 로봇을 만들어서 사람들에게 작동법을 가르쳐 주면 누구나 쉽게 로봇 조종을 할 수 있지!

과학자들은 상어도 관찰하나요?

물론이지!

상어와 함께 헤엄치는 과학자

바닷속에서 상어와 헤엄치는 과학자도 있어. 바로 해양 생물학자야.
해양 생물학자들의 멋진 모험 덕분에 바다를 보호할 수 있는 거야!

배를 타고 항해하고,

바다로 다이빙을 하고,

물고기들과 함께 헤엄쳐.

가오리도 있고,

상어도 있지!

한스 하스와 **유지니 클라크**는 상어와 함께 헤엄을 치다가 놀라운 사실들을 알아냈어.

상어는 굉장히 크고,

영리하지만

보호가 필요하다는 것을 말이야!

우리를 해치지 마세요!

해양 생물학자들은 무음 수중 카메라로 바닷속을 촬영해. 덕분에 우리도 놀라운 바닷속 세상을 볼 수 있고, 왜 바다를 보호해야 하는지 알 수 있어.

가끔은 아무도 본 적 없는 신기한 생명체를 발견하기도 해!

심해에 사는 비늘 벌레

가수 엘비스 프레슬리의 무대 의상을 닮아서 '엘비스 웜'이라고도 부르지!

과학자들은 또 어떤 것들을 찾아냈어요?

우주에서 떨어진 것들도 있지!

운석을 수집하는 과학자들

지질학자는 지구를 이루는 물질에 관해 연구하는 과학자야.
땅속을 탐험하거나, 화산의 역사를 탐구하기도 하지.

내털리 스타키는 그중에서도 우주에서 떨어진 돌을 찾는 지질학자야.

우주에서 온 돌들은

손바닥 크기만 한 자갈부터

금이 들어 있는 운석까지 종류가 다양해.

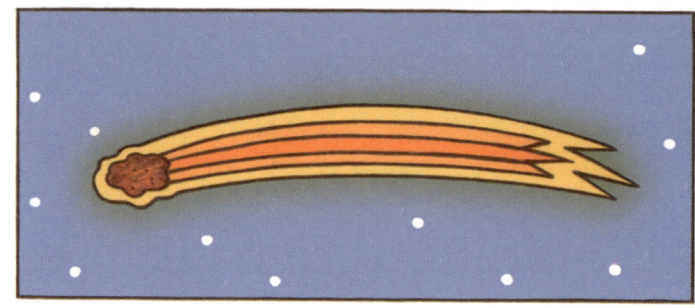

지질학자들은 우주의 광물을 채취하기 위해 로봇을 우주로 보내기도 해.

때로는 죽어 가는 별들이 소행성을 타고 지구로 날아오기도 하지.

지질학자들은 별의 비밀을 풀기 위해 소행성에서 떨어져 나온 파편을 연구한단다.

씨앗을 심는 과학자들

씨앗을 연구하는 과학자를 식물학자라고 해.
식물학자들은 지구에서 가장 놀라운 보물이 식물이라고 생각하지!

식물은 지구에서 꼭 필요한 존재이기 때문에 식물학자들은 식물이 잘 자라는 것을 매우 중요하게 여겨.

그래서 날마다 식물이 보여주는 신비한 현상에 대해 연구하지.

이들은 식물이 광합성을 통해 산소를 만든다는 사실을 알아냈어!

빛
산소
이산화탄소
물

자나키 아말은 희귀한 식물과 신기한 꽃을 보호했어.
동물들이 먹고 편안하게 쉴 수 있도록 말이야.

자나키는 인도의 사탕수수를 개발했을 뿐 아니라
사람들이 직접 키울 수 있는 새로운 품종도 개발해 냈어.

지구를 지키는 슈퍼히어로인 식물학자들은
식물들을 보호하기 위해서
식물에 관한 여러 기록을 남겼단다.

이네스 멕시아는 보트나 뗏목, 카누를 타고
아마존강을 따라 내려가면서 아직 알려지지 않은
식물들을 채취했어.

벌레를 보호하는 과학자도 있나요?

그렇고말고!

지네를 관찰하는 과학자들

지네처럼 다리가 많은 벌레를 관찰하는 과학자를 절지동물학자라고 해.

필리포 실베스트리는 지네나 노래기 같은 절지동물들을 몇 시간이고 들여다보았어.

곤충들은 지구 환경을 보호하는 식물들의 '환경 지킴이'야.

그래서 절지동물학자들은 지네를 연구하는 것 외에도,

식물의 번식을 도와주는 꿀벌들을 살피거나

귀뚜라미를 돌보기도,

찰스 헨리 터너는 개미들이 집으로 돌아가는 길을 찾는 방법을 알아냈어.

절지동물학자들은 동물들을 연구하는 데 오랜 시간을 쏟아. 그래서 새로운 종을 발견하면 과학자의 이름을 따서 이름을 짓기도 하지.

실베스트리 지렁이 도마뱀

때로 자신이 연구한 곤충에 관한 정보를 발표하기도 해. 다른 연구를 하고 있는 과학자들에게 도움을 주기 위해서 말이야.

과학자들이 관심 갖는 또 다른 동물은 뭐가 있어요?

셀 수 없이 많지.

지구를 지키는 과학자들

기온이 점점 올라가는 현상을 '기후 변화'라고 해.
이로 인해 많은 동물들이 위험에 처해 있지.
기후 변화로부터 지구를 지키기 위해 환경 보호 활동가, 동물학자, 기후학자 등
많은 과학자들이 끊임없이 연구를 하고 있어.

과학자들은 기후 변화에 맞서 지구를 지킬 수 있는 방법을 알아내는 중이야.

왕가리 마타이는 메마른 아프리카 지역에 3천만 그루의 나무를 심었어.

데이비드 애튼버러는 자연 다큐멘터리를 만들어 기후 변화에 대비하고 실천하자고 사람들을 설득했어.

과학자들은 우리에게 지구를 지키는 방법을 알려 주기 위해 열심히 연구하고 있어.

분리수거하기!

재활용하기!

자연으로 되돌려 보내기!

과학자들이 세상을 구하는 또 다른 방법이 있나요?

의학도 있지!

생명을 구하는 과학자들

과학자들은 놀라운 의술로 사람들의 생명을 구하고 있어.
생명과 관련된 과학 분야는 종류가 엄청 다양한데, 그중 한 가지를 소개할게.

백신을 만드는 과학자들 이야기는 들어 본 적 있을 거야.

백신은 우리가 병에 걸렸을 때 병균과 맞서 싸우는 항체를 만들어 주는 약이야.

오래전 **라헬 스흐네르손**은 백신을 개발해서 700만 명의 생명을 구했어.

생명을 다루는 과학자라면 아주 급박하게 백신을 만들어야 할 때도 있어.

우우르 샤힌과 **외즐렘 튀레지**는 제약 회사와 함께 코로나19 백신을 개발한 과학자들이야.

과학자들은 모든 생명체를 살피며 경이로운 지구를 지키고 있는 셈이지.

와, 이야기를 들으니 과학자들은 세상을 구하는 영웅 같아요. 하지만 아직 궁금한 게 있어요.

혹시 시간 여행에 관한 거니? 정말 못 말린다니까.

시간 여행을 연구하는 과학자들

천체 물리학자들은 빛이 어떻게 우주를 통과하는지 알아내려고 하고 있단다.
우주에서 가장 신비한 현상을 연구하고 있지.

엄청나게 활동적이고, 거대한 질량의 블랙홀을 블레이자라고 불러!

제디다 이슬러는 블랙홀이 무엇이며 어떤 현상이 일어나는지 알아내 우리에게 알려 주고 있어!

- 블랙홀은 빙글빙글 돈다.
- 블랙홀은 은하계 중심에 있다.
- 블랙홀은 별들로 이루어졌지만, 별처럼 빛나진 않는다.
- 블랙홀의 중력은 아주 강력해서 빛도 빠져나오지 못한다.

천체 물리학자들은 우주의 크기와 모양도 연구하지.

네타 바칼은 우주 지도를 만들었어.

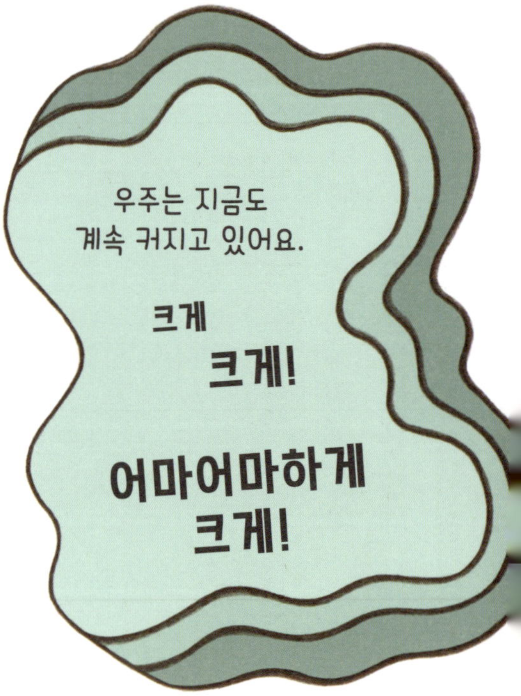

우주는 지금도 계속 커지고 있어요.

크게
크게!

어마어마하게
크게!

과학자들은 빛이 아닌 다른 물체가 우주를 통과하는 방법도 찾고 있어.

우리가 빛의 속도보다 빨리 우주를 여행할 수 있는지 연구하는 과학자들도 있어.

바로 **'시간여행'** 말이야.

언젠가는 너와 같은 과학자들이 아주 먼 우주를 여행하는 방법도 알아내겠지.
어쩌면 시간을 거슬러 되돌아가는 방법도 알아내고!

나 같은 과학자들이라고요?

그래. 그 말이 무슨 뜻인지 알고 싶니?

과학자를 꿈꾸는 사람들

수많은 과학자들이 다양한 분야에서 놀라운 업적을 이룬 걸 알았지?
사실 이렇게 멋진 과학자들도 아이 때는 엉뚱한 호기심으로 가득했단다.

공룡에 대해 묻고 또 묻거나,

맨눈으로 별을 바라보기도 하고,

목욕을 하다가도 고래에 대해 궁금해했어.

또 식물이 자라는 모습을 무척 신기해했지.

아마 꿈속에서
공룡과 뛰놀기도 했을걸.

지금
네 모습처럼!

어릴 때 호기심 대장인 아이가 자라서 미래의 훌륭한 과학자가 되는 거란다.

이 책에 등장한 과학자들을 소개합니다!

메리 애닝
(1799-1847)

메리는 선사 시대 동물의 화석을 발굴한 고생물학자예요. 그녀의 아버지는 메리가 다섯 살일 때 화석을 찾고, 파는 방법을 가르쳐 주었어요. 메리는 후대 고생물학자들이 공룡 화석을 찾는 데 큰 영향을 주었답니다.

루이스 퍼넬
(1920-2001)

루이스는 고생물학자이자 해양 탐험가, 전투기 조종사예요. 미국 스미스소니언 국립 자연사 박물관에서 일하기도 했고요. 세계를 돌아다니며 바다 밑바닥에서 발굴한 고대 화석과 표본을 연구했어요.

레오니트 카데뉴크
(1951-2018)

레오니트는 미국 우주왕복선 컬럼비아호를 탄 우크라이나의 우주 비행사예요. 우주의 중력이 거의 없는 상태에서 식물이 어떻게 자라는지를 실험했죠. 태양의 내부 구조를 연구하는 임무도 맡았답니다.

류양
(1978-)

류는 중국 최초의 여성 우주 비행사예요. 우주 비행사가 되기 전에는 공군 비행기 조종사였지요. 류는 우주 정거장에서 6개월간의 임무를 마치고 지구로 돌아왔어요.

조앤 심프슨
(1923-2010)

조앤은 허리케인이 발생하는 이유를 알아낸 기상학자예요. 허버트 릴과 함께 열대성 구름 기둥이 뜨거운 공기를 뿜어내며 강력한 회오리바람을 일으키는 원리를 밝혀냈지요.

준 베이컨-버시
(1928-2019)

준은 일기 예보를 하는 기상학자예요. 지구를 둘러싼 대기에 대한 지식이 많아 언제 날씨가 더워질지 정확히 예측했답니다. 어린이들에게 과학을 가르치기도 했어요!

디팔 와라카고다
(1965-)

디팔은 새소리 전문인 생물음향학자예요. 열대우림에서 아무도 녹음한 적이 없는 소리를 들었어요. 스리랑카에서 디팔이 처음 발견한 세렌디브소쩍새의 소리였지요!

캐서린 페인
(1937-)

캐서린은 코끼리 울음소리를 녹음한 생물음향학자예요. 캐서린과 남편 로저는 바다에서 혹등고래가 노래를 부른다는 놀라운 사실도 알아냈어요.

스테퍼니 윌슨
(1966 -)

스테퍼니는 밤하늘을 올려다보며 자랐어요. 그리고 우주를 여행하는 우주 비행사이자 우주 탐사 임무에 꼭 필요한 장비를 개발하는 공학자가 되었답니다.

히로세 시게오
(1947 -)

히로세는 로봇을 만드는 공학자예요. 뱀이 움직이는 모습을 관찰해 로봇을 만들었지요. 꿈틀거리는 로봇은 사람이 접근할 수 없는 곳에 들어가 임무를 수행해요.

한스 하스
(1919 - 2013)

한스는 해양 생물학자이자 수중 다이빙 개척자예요. 상어를 좋아해서 상어 떼와 헤엄치며 사진을 찍고, 다큐멘터리 영화도 만들었어요. 한스 덕분에 상어가 얼마나 놀라운 생물인지 세상에 알려졌지요.

유지니 클라크
(1922 - 2015)

유지니는 상어와 헤엄치면 어떨지 궁금했어요. 그래서 고래상어 등에 올라타거나 바다 동굴에서 잠들어 있는 상어를 찾기도 했어요. 게다가 레몬상어를 훈련시키기도 했답니다.

내털리 스타키
(1982 -)

내털리는 우주에서 떨어진 돌의 성분을 알아보는 지질학자예요. 운석을 연구하면 우주가 어떻게 탄생했는지 알 수 있으니까요. 내털리는 우주 먼지와 우주 화산에 대한 책도 썼어요.

하랄뒤르 시귀르드손
(1939 -)

하랄뒤르는 전 세계의 화산을 찾아다니는 지질학자예요. 바닷속에 있는 화산도 조사하지요. 하랄뒤르는 마그마가 유해 가스를 내뿜는 과정을 다른 과학자들에게 알려 주었어요.

자나키 아말
(1897 - 1984)

인도의 식물학자 자나키는 희귀 식물을 포함해 수천 종의 식물이 서식하는 케랄라주의 사일런트 밸리를 지키기 위해 싸웠어요. 그리고 인도 사람들이 스스로 작물을 길러 먹도록 도와줬지요.

이네스 멕시아
(1870 - 1938)

이네스는 식물 표본을 채집하기 위해 아마존강을 따라 수천 킬로미터를 여행했어요. 그리고 아마존 탐험을 통해 500종 이상의 새로운 식물을 발견했답니다.

필리포 실베스트리
(1873-1949)

필리포는 벌레에 대한 풍부한 지식으로 세상을 놀라게 한 곤충학자예요. 지네와 노래기의 차이를 구별하고, 특별한 종류의 흰개미도 연구했어요.

찰스 헨리 터너
(1867-1923)

찰스는 곤충의 습성에 대해 많은 것을 가르쳐 준 선구적인 곤충학자이자 동물학자예요. 개미들이 집으로 돌아가는 길을 찾는 방법을 연구했지요.

왕가리 마타이
(1940-2011)

왕가리는 사막화되어 풀이 자라지 않는 아프리카에 나무 심기 운동을 벌인 환경 운동가예요. 환경 보호 활동으로 노벨 평화상을 수상한 첫 번째 아프리카 여성이에요.

데이비드 애튼버러
(1926-)

데이비드는 벌레, 곤충, 양서류, 화석 따위를 들여다보며 자랐어요. 세계 곳곳을 다니며 동물들의 놀라운 삶을 관찰하고 다큐멘터리를 만들며 지구를 보호해야 하는 이유를 알리고 있지요.

라헬 스흐네르손
(1932-)

라헬은 뛰어난 과학자들과 함께 'B형 헤모필루스 인플루엔자(Hib)' 백신을 만든 의사예요. 백신은 수백만 명의 생명을 구했고, 다른 백신을 개발하는 데도 도움을 주었어요.

우우르 샤힌(1965-)**과 외즐렘 튀레지**(1967-)

우우르와 외즐렘은 코로나19 바이러스 백신을 개발한 과학자 부부예요. 두 사람이 세운 바이오앤테크라는 회사와 제약 회사 화이자는 힘을 합쳐 생명을 구하는 백신을 만들었지요.

제디다 이슬러
(1982-)

제디다는 블랙홀을 확인한 천체 물리학자예요. 천체 물리학자들은 물질이 얼마나 빠른 속도로 우주를 통과하는지 연구해요. 블랙홀에서는 빛의 속도로 입자를 내뿜는 '제트' 현상도 일어난답니다.

네타 바칼
(1942-)

네타는 우주의 팽창을 연구하는 천체 물리학자예요. 우리 눈에는 보이지 않지만 우주에 널리 존재한다고 알려진 '암흑 물질'도 연구하고 있어요.

지은이 ★ 사스키아 귄

아이들에게 세상의 놀라운 이야기를 들려주기 위해 지난 20년 동안 출판 편집자로서 다양한 아동 논픽션 도서를 만들었다. 현재는 아이들을 위한 글을 쓰는 작가로 활동하고 있으며, 언젠가 공룡이 지구를 다시 방문하기를 희망하는 호기심 많은 두 아들과 함께 상상력을 키우며 살고 있다. 지은 책으로는 『나는 부활절 토끼가 아니다』가 있다.

그린이 ★ 아나 알베로

스페인에서 태어나 프랑스 파리국립장식미술학교에서 시각커뮤니케이션을 공부하고, 독일 베를린예술대학교에서 일러스트레이션을 공부했다. 현재는 베를린에 살면서 다양한 분야의 일러스트 작업한다. 크고 오동통한 얼굴과 몸집, 그에 비해 작고 섬세한 이목구비와 손발을 가진 익살스러운 캐릭터를 그리는 것이 특징이다. 우리나라에서 전시회를 열어 커다란 사랑을 받았다.

옮긴이 ★ 김배경

카톨릭대학교를 졸업하고 영국 스털링대학교에서 출판학 석사 학위를 받았다. 교계 신문 취재 기자를 거쳐 출판사 편집자로 일하다가 지금은 어린이와 청소년 책을 우리말로 옮기고 있다. 『걸어 다니는 친환경 스쿨버스』 『산불이 일어난 뒤에』 『생명을 지키는 사람들의 하루』 『우리가 만든 나라 이름은 '전쟁'』 『나는야 베들레헴의 길고양이』 등을 우리말로 옮겼다.

세상을 바꾸는 직업과 사람들
호기심이 만드는 과학자들

초판 1쇄 2024년 1월 5일 | 초판 2쇄 2025년 5월 15일
글쓴이 사스키아 귄 | **그린이** 아나 알베로 | **옮긴이** 김배경
펴낸곳 책속물고기 | **출판등록** 제2021-000002호 | **주소** 서울특별시 영등포구 양평로 157, 1112호
전화 02-322-9239(영업) 02-322-9240(편집) | **팩스** 02-322-9243
책속물고기 카페 http://cafe.naver.com/bookinfish | **전자메일** bookinfish@naver.com
콘텐츠 프로바이더 와이루틴 | **ISBN** 979-11-6327-149-9 77400

*이 책의 내용을 쓰고자 할 때는 저작권자와 출판사 양측의 허락을 받아야 합니다.
*잘못된 책은 바꾸어 드립니다.
*값은 뒤표지에 있습니다.

 품명 아동 도서 | **사용연령** 7세 이상
주의사항 ⓒ 종이에 베이거나 긁히지 않도록 조심하세요. ⓒ 책 모서리가 날카로우니 던지거나 떨어뜨리지 마세요.
KC마크는 이 제품이 공통안전기준에 적합하였음을 의미합니다.